深谷ネギ大産地における農家支援企業の三代目社長が語る！

組織を育て苦難を乗り越える

四つの倫理実践法

著者　小池　博
工藤　直彦
編集　万代宝書房

深谷ネギ大産地における農家支援企業の三代目社長が語る！

組織を育て苦難を乗り越える四つの倫理実践法

もくじ

まえがき

みなさま、こんにちは。二〇二一年の第一回目となる『万人の知恵チャンネル』。今回は、農業専門店の三代目社長である小池博氏にご自慢の深谷ネギと共にお越しいただきました（一月十一日収録）。

小池氏は幼少の頃より祖父母から事業継承者として愛情をたっぷり受けて成長され、実際に事業を継がれてからのプレッシャーや苦難と常に向き合い事業を拡大されてきました。事業成長の中で起こった、父親との折り合い、業績悪化による未払金の発生と社員との関係悪化。それら一つ一つの問題を乗り越えてこられたのには、家族と倫理との関係と大切にすべき優先順位がありました。

「一に家庭、二に仕事、三四がなくて、五に倫理」と表現されることがありますが、真意は、他を犠牲にして仕事に打ち込む事でも、居心地のいい倫理に逃げていてもいいという事でもありません。

事業の大きな問題を前に、まず自らがなすべき小さな責任の後始末、家庭を第一に考え環境を整えていくことにあります。埼玉県倫理法人会の会長職を受けてから、事業にさまざまな苦難が降りかかってきたと言う小池博氏。

苦難を越えた小池氏が実践してきたのは **「喜んでバランスを崩して行った」** ことだったと振り返ります。家族・仕事・倫理…自分の生活を作っている三角形を崩すことで人は成長できる。そのポイントは**「喜んで」それをするという姿勢だった**小池氏は語ります。やらされているのではなく、喜んで進んで向き合う。後悔なく生きられるエッセンスを倫理から学んだ背景には、**やらされて小さくまとまってしまっていた自身への反省**がありました。

もう一人のメインゲストの工藤直彦氏は、論語、哲学、心理学などを学んでおり、音楽事務所アーティスティックコミュニティの代表（本人は、ミュージシャンでもある）です。ちなみに、「万代宝書房」の名付け親は、工藤直彦氏です。

「人は幸せになるために生まれてきている」といわれています。しかし、我々は、「成功するための勉強」はしても、「幸せになるための勉強」は殆どしていません。本書が、「幸せになるための勉強」の一助になれば、幸いです。

二〇二一年三月吉日

万代宝書房 代表　釣部 人裕

第一話　鏡となって人を動かす三代目社長の在り方！

3代目社長を
引き継ぐ
心構え
万人の知恵チャンネル

農業専門店の三代目である小池博氏。幼いころから事業を継ぐことを期待され家庭で愛されてきました。ゆえに、父の会社に入ることになった時はプレッシャーを感じていなかったと言います。しかし、いざ働き始めてのしかかるプレッシャーと負の感情の日々。それをいかにして乗り越え、三代目として家族と社員に向き合ってきたのか。人はすべて鏡であり、親との関係は子供との関係と同じであるという、その在り方についてお話いただきました。

1、ネギ栽培を背負って立つ、農業専門店の三代目

釣部：皆さん、明けましておめでとうございます。万代宝書房『万人の知恵チャンネル』の時間になりました。本年度もよろしくお願いいたします。二〇二一年、第一回目は埼玉県から小池博さんに来ていただいております。また、いつものように工藤さんに来ていただいております。どうぞよろしくお願いいたします。

一同：よろしくお願いします。

釣部：では、最初に小池さん簡単な自己紹介をお願いいたします。

小池：埼玉県は深谷市というところで農業資材の販売、それから農産物の販売を通して農家の支援をしている会社、小池勝次郎商店をやっています。どうぞよろしくお願いいたします。

釣部：工藤さんお願いします。

工藤：皆さん、明けましておめでとうございます。東京で音楽事務所と哲学の私塾をさせていただいております工藤直彦でございます。ありがとうございます。

釣部：ここにネギがあるんですけれども、これは小池さんが深谷からお持ちいただきました。

小池：深谷からネギを背負ってカモになりに来ました。

釣部：やっぱり深谷っていうと思うのはネギと、それから渋沢栄一さんですね。

小池：そうですね。今、渋沢栄一がブームなんで、とても盛り上がっていますけれども、基本的にはネギの農家が潤えば地元の産業も潤うと言われていますので、ネギがやっぱり中心になっていると思います。

代表取締役社長
小池　博

釣部：ネギのマスコットもありますよね？　深谷へ行った時に見たことがあって。

小池：ありますね。

釣部：そのお店もあってすごく力を入れているんだなと思いました。３人の共通点は倫理法人会に入っているということもありまして、小池さんは埼玉県の県の会長でいらっしゃるんですけれども、会長を受けられて、やっぱり責任感とか苦難とか色々なことがあるんでしょうか？

ねぎの発芽の様子

小池：端的に言うと、今2年目なんですけれども、1年目の時には必要以上に肩に力が入って、自分一人で何とかしなくては、もっとこうあらねばならぬっていう、どっちかというとマストだったと思うんですよね。何々しなければならない。それが色々な状況があって、それを乗り越えた時に、今こんなこともしたい、あんなこともしたいって言った時に目の前の状況が変わってきて、そしてみんなの協力が得られてきはじめたかなと、そんなことを感じているところですね。

釣部：以前は埼玉県の幹事長をされていて？

小池：そうですね。工藤さんと一緒に、同じ時期に幹事長やっていました。

工藤：7、8年ぐらい前ですよね。

小池：そうですね。平成25年度から3年間、工藤さんと重なって。

工藤：1年ずれて、僕は1年前にやっていて2年被っているんですよね。

小池：そのあとは埼玉県の副会長を2年やって、その後に継者倫理塾の塾長を2年やって、ありがたいことに会長というお役をいただいたというのが今でございます。

釣部：小池さんは今日もお話ししても明朗といいますか、そういうふうに受け取るんですけれども、何か心がけていたりすることはありますか？

小池：一番は生まれた時に祖母に、初孫だったし3代目の跡継ぎだったということもありまして、すごくかわいがられたんですね。その愛情をたっぷり受けたおかげで人にも愛情を与えられるというか、明るくできるっていうのがあるかなと思っていたんですけれども、ただ会長を受ける前後にいろんなことがありまして。

ストレスが過剰にかかると自分の本質的な部分だとか、本来の部分っていうのが露わになってくるってあると思うんですよね。**プレッシャーが多くかかった時に本来の自分が出てくる。**その時には逆に言うと、ポジティブというよりもネガティブな自分と多く向き合いましたし、マイナス思考の自分とも多く向き合ったっていうのが実際のところで、強がって見せたり明るく見せたっていうのも大きなところだと思います。

農業資材店「こいけや」

釣部：ネガティブっていうのはどういう感じになるんですか？　相手のせいにするとか、悲しくなるとか、怒るとか、いじけるとか色々あると思うんですけれども。

小池：一番は何をやっても喜びを感じられないってことですかね。良い提案がきてもそれに対して賛同して、喜んでそれをやろうって共感もできなくなるっていうのもそうですし、もっと言えば未来に対して夢と希望が持てなくなるっていうことですかね。大きなストレスがかかった時に、そんな自分とも向き合ったことってありましたけれどもね。

釣部：それが会長になられてからそういうこともあったと？

小池：いっぱいありましたね。

釣部：それは後ほどたくさん聞きたいと思うんですが。当然のごとく会社を継いだんですか？ それとも嫌々入ったんですか？

小池：祖父母にかわいがられたものですから、生まれた時から洗脳されるように「博、かわいいねお前は」って言われて、ずっと「跡を継ぐんだよ」、「跡を継ぐんだよ」ってずっと小さい時から育ったわけですよね。

釣部：お祖母ちゃんに言われて？

小池：すぐ下に弟が年子でできたものですからお袋は弟の面倒を見たので、勢い私が祖父母に面倒を見てもらったということもありますけどね。祖父母に洗脳されたといぅか、創業者ですからね。

農家の栽培支援の様子

釣部：お父様は特に継ぐ継がないという話はそんなにはされていない？

小池：そうですね。大学が終わって就職する時に、一度その進路の話はしたことありましたけれども、親父はもう継ぐのが当たり前だっていうふうに思っていたと思います。

釣部：特に言いもしないけど、当然だと？

小池：そうですね。お袋が、私が大学を卒業した後、勤めに行った時に乳がんになって。家族経営だったものですから、お袋が乳がんになって人手がなくなったから、「会社を辞めて帰ってきてくれ」と懇願されて、それで帰ってきたっていうのが事実ですね。

釣部：継ぐっていうことに関して、3代目だと色々プレッシャーなり、あとよく聞くのは先代のことを色々思うことがあるって聞くんですけれども、今でもお店の名前は創業者であるお祖父様（勝次郎）のお名前を？

小池：そうです。そのままです。

釣部：変えないんですよね？

小池：祖父母は亡くなってしまいましたけれども、そうです。どう言ったらいいですかね、実際に大学卒業して勤めた時っていうのは、自分の将来だとかそういうところまで深く考えていなかったかなってすごく思いますよね。

だから、家に帰ってきてくれって言われたら、そういうふうに言われていたし、そうだよなと。それに対してプレッシャーとか、それから会社を大きくしていこうっていう意気込みっていうのは、恥ずかしい話、それほどなく何となく家に戻ってきてしまったっていうのは思い返されますかね。35年前の話ですけれどもね。

2、他人はすべて鏡。自ら変われば人も変わる！

釣部：最初はお父様が社長で、自分は社員で入られた？

小池：そうです。

釣部：どこかで事業継承されますよね？

小池：そうですね。倫理法人会に入ったのが平成16年8月だったんですけれども、当時社員に対する不満、それから父に対する不満っていうものをすごく持っていたんですね。まだ当時は父が社長で、私が対外的には専務っていうような形でいたんですけれども、何をやるにしても全部「それはだめだ！」「あれはだめだ！」って反対。何をやるにしても、その事に対して否定したり反論すればいいのに、「お前の存在そのものが全部だめだ」みたいなすごい物の言い方を父親がするんですよね。それに対しての反発っていうのはすごくありましたけれどもね。

ただ、倫理法人会は倫理指導というのがあって、指導を受けたときに「あなたは息子さんに尊敬されていますか？」ってその倫理研究所の先生に聞かれたんですよ。考えたこともないなって思ったんですけれども、**「あなたが自分の父親を尊敬しなかったら、あなたも息子から尊敬されませんよ」**って言われたんですよね。

今考えれば当然繋がっているわけですし、自分がやったことがそのまま返ってくるってことはわかるんですけれども、当時はそんなこともわからなかったですから、そういうものかって思いました。それから父に対して挨拶をするようになりました。当時は挨拶もしていませんでしたから。

釣部：同じ会社にいて会っても？

小池：同じ会社にいて一緒にも住んでいたって話もしないし、口も聞かないし、挨拶もしないし、車が道ですれ違ったとしても横向いてフーって言っているぐらいですから。それぐらい物の言い方とかっていうのが嫌だったんですよね。とにかく親父と話したくないなと。

釣部：結構険悪な感じで同じ会社に。

小池：同じ会社といってもその当時は家族だけでしたから。お袋が間に入って大変だったなと思いますけれどもね。そんなことから倫理法人会でそういうのを学んで、そして実践した結果、父親が自分で、社員がいる前で、「自分が会社を降りるから、せがれに会社を譲るんでみんなよろしく頼むよ」って頭を下げてくれたっていうのが、事業継承の時の様子でしたね。

釣部：それは事前に言われていたんですか？

小池：いやいや。早く辞めて自分にやらせてくれとか思ったりもしていましたけれども、たまたまミーティングというか集まった時に言われました。決算が11月だったので11月の頭だったと思うんですけれどもね、数字の確認をしながらミーティングをやった時に、社長だった当時の親父がそういうふうにみんなの前で言ってくれたっていうのが一番最初に倫理法人会に入ってびっくりしたことだったし、ありがたいなって思いました。

釣部：工藤さんこの辺りいかがでしょうか？

工藤：面白いですね。倫理指導でよく言われるのが、子供が自分に対する態度っていうのは、自分が親にしてきた態度っていうのはよく言われるんですよね。ちょっとマニアックな話になるけれども、僕たちが勉強会で使っている「万人幸福の栞」っていうものの四条・五条・六条って、三条に分かれているんだけど、全部鏡だよって言っているんですよね。

「他人は鏡、万象は我師」、夫婦は鏡だよ、親子は鏡だよってことが書いてあるんです。

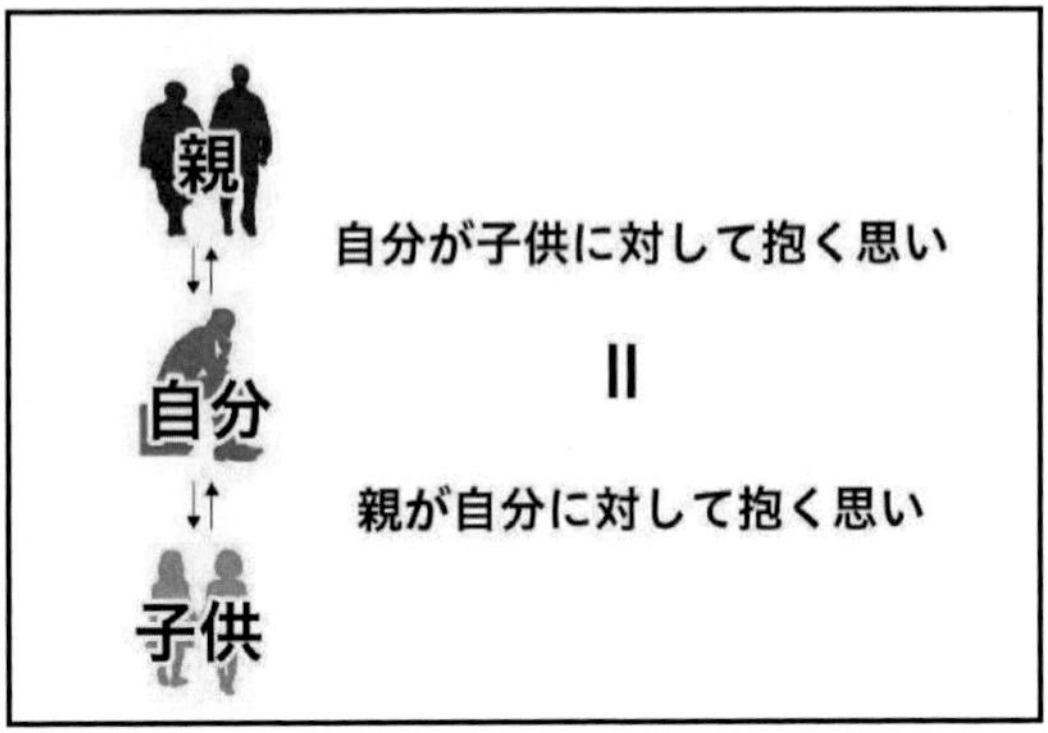

親
自分
子供
自分が子供に対して抱く思い
＝
親が自分に対して抱く思い

まず親がいて、自分がいて子供がいるとします。そうすると親と自分と、自分と子供がイコールの繋がり方をしちゃうんですよ。だから、子供が親にリスペクトしているかどうかっていうのは、もし子供が親にリスペクトしているのであれば、それはたぶん自分が親もリスペクトしているから。こういう形なんですね。

だから、倫理指導を受けられた時、お子さんはあなたのことを尊敬していますか？慕っていますか？って聞かれちゃったんでしょ？

小池：そうですね。

工藤：ここの形の有り様を確認したんですよ。親と自分、自分と子供っていうのは相似形なの。同じなんですよ。だからここで起きていることが、そのままここでも起きるっていうことね。逆を言うと、子供からリスペクトされたいとか、子供に自分とちゃんと繋がってもらいたいなって思ったら、普通のマネージメントだったら、自分が子供に何かをしようとするじゃないですか。

これ社員との関係も同じなんですよ。自分が仮に中間管理職、先ほどのお話だと専務だとしましょうかね。専務だとして、ここに社長がいて、ここに社員がいると。これも同じ構図になるの。鏡として自分に見せつけてくれているんですよ。自分の有り様を。

それから親からしてみると子が逆らうとか、社長からしてみると中間管理職が言うこと聞かないっていうのは非常に辛い話ですよね。でもこれ感覚的にわかってもらうために、あえて鏡として同じことを映してくれるんですよね。

社員が言うこと聞いてくれないと専務さん辛いですよね。子供が自分の言うこと聞いてくれないと自分辛いですよね。そういう辛い目を見ることで、自分がしでかした事を気づかせてくれるということが起きるんですよね。

普通のマネージメントだとここを何とかするためのマネージメント論って世の中にいっぱいあるんですよ。こういうふうにしたら社員は言うことを聞きますよ、こういう具合にしたら子供ってよく育ちますよ。そういうこっちに関与するんじゃなくて、鏡として自分の姿を映してくれたんだから、上に繋がることだけをやればいい。

そうするとこれは鏡なので、ここが良くなってしまえば、こっちも良くなってしまうっていう現象なんですよね。倫理の勉強って面白いなって思うのが、対象者に対して何かアプローチするんじゃなくて、起きた現象は鏡として捉えれば、それは自分を映しているので、「鏡に映った自分の顔の墨を消す」、「鏡を拭いてもどうしようもないよ」っていうのが確かあったと思うんですね。それと同じで自分がお仕えすべきところに対してきちんと繋がる実践をすると、手を触れずして治ってしまうということ。これ面白いことに、お子さんは4人いるけれども、自分の先代（父親）って1人なんだよね。

小池：確かに。

工藤：だから、4人を何とかするよりも、1人に繋がっちゃった方が4人が治っちゃう。**効率いいんですよ**ね。会社も大体ピラミッドなので、社員っていうのは複数いて、自分がお仕えすべき上長は1人なんだよね。
だから、たくさんいる人を何とかしようっていうと、これはもう心も体も忙しくなっちゃうんだけれども、ここは現象として現れているので、これはこのまま置いときましょうと。自分がお仕えするんだって決めて、きちんと上に繋がっていくと手を触れずして治っちゃうんだよね。そういうことを倫理指導で教えてくれたんだと思う。

小池：おっしゃるとおりだと思います。

工藤：それで実践していったらある日突然、父が社長を今度息子にするからって反応するんですよね。

小池：そうですね。自分がやらせてくれと思っている時ってだめだったんですよね。

工藤：指導も受けちゃったからということでお父様に繋がる実践、それなりに考えられたんだと思うんですけれども、そうしたら手を触れずして改まってしまうという現象が起きてくる。面白い倫理体験ですね。

21年2月こいけやだより

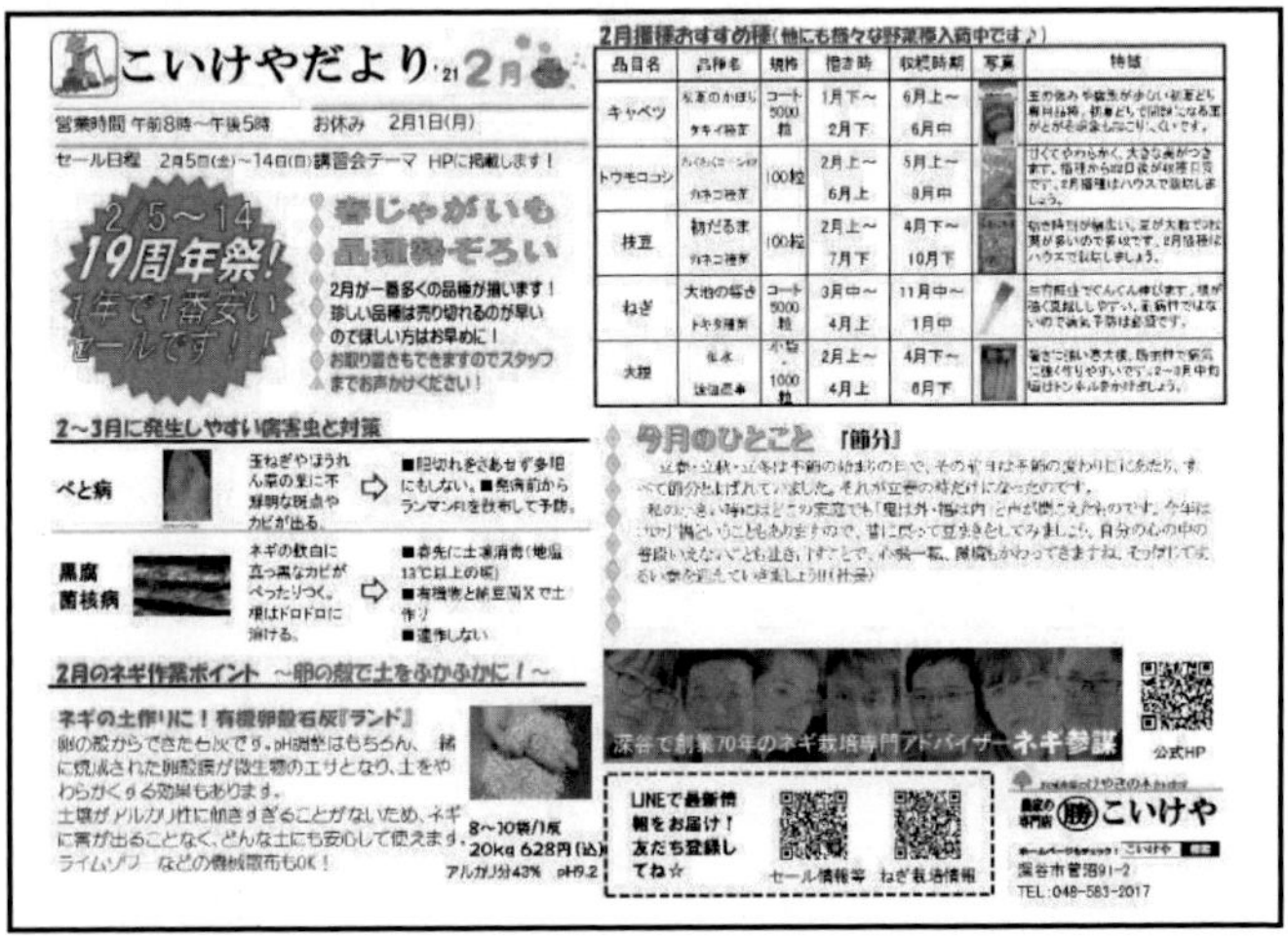

こいけやだより '21 2月

営業時間 午前8時～午後5時　お休み 2月1日(月)

セール日程 2月5日(金)～14日(日) 講習会テーマ HPに掲載します！

2/5～14 19周年祭！ 1年で1番安いセールです！！

春じゃがいも 品種勢ぞろい

2月が一番多くの品種が揃います！珍しい品種は売り切れるのが早いので欲しい方はお早めに！お取り置きもできますのでスタッフまでお声かけください！

2～3月に発生しやすい病害虫と対策

べと病	玉ねぎやほうれん草の葉に不鮮明な斑点やカビが出る。	⇨	■[illegible]多[illegible]にもしない。■発病前からランマンFlを散布して予防。
黒腐菌核病	ネギの軟白に真っ黒なカビがべったりつく。根はドロドロに溶ける。	⇨	■春先に土壌消毒(地温13℃以上の時) ■有機物と納豆菌Xで土作り ■連作しない

2月のネギ作業ポイント ～卵の殻で土をふかふかに！～

ネギの土作りに！有機卵殻石灰『ランド』

卵の殻からできた石灰です。pH調整はもちろん、[illegible]に焼成された卵殻膜が微生物のエサとなり、土をやわらかくする効果もあります。

土壌がアルカリ性に傾きすぎることがないため、ネギに害が出ることなく、どんな土にも安心して使えます。ライムソワーなどの機械散布もOK！

8～10袋/1反 20kg 628円(込)

アルカリ分43%　pH9.2

2月播種おすすめ種(他にも様々な野菜種入荷中です♪)

品目名	品種名	規格	播き時	収穫時期	写真	特徴
キャベツ	[illegible] タキイ種苗	コート5000粒	1月下～2月下	6月上～6月中		[illegible]
トウモロコシ	[illegible] カネコ種苗	100粒	2月上～6月上	5月上～8月中		[illegible]
枝豆	初だるま カネコ種苗	100粒	2月上～7月下	4月下～10月下		[illegible]
ねぎ	[illegible] トキタ種苗	コート5000粒	3月中～4月上	11月中～1月中		[illegible]
大根	[illegible] 渡辺農事	[illegible]・1000粒	2月上～4月上	4月下～6月下		[illegible]

今月のひとこと『節分』

[illegible]

深谷で創業70年のネギ栽培専門アドバイザー ネギ参謀

公式HP

LINEで最新情報をお届け！友だち登録してね☆

セール情報等　ねぎ栽培情報

農家の専門店 ㊖こいけや

深谷市菅沼91-2

TEL:048-583-2017

第二話　苦難にぶつかったときにすべき倫理の考えとは？

万人の知恵チャンネル

事業の売り上げを伸ばし順風満帆に進んでいった後の農産物直売所の閉店、フォークリフトの人身事故と損害賠償。業績低下とそれに伴う社員との関係の悪化。大きな苦難が次々と小池氏に襲いかかりました。苦難にぶつかり追い込まれた時こそ、余裕をみせて自分の襟を正すような行いが大事だとおっしゃいます。目に見えないところから自分を整え、苦難を乗り越える自分になるために必要なことをお話いただきました。

1、余裕がないときこそ時間を作って襟を正す

釣部：お父様との関係が良好になっていったら仕事も家庭も全部うまく？

小池：そうですね。そういう経験をした後社長になって、前よりも5年先、10年先っていうのをどうしていったらいいかって考えたんですね。その時に社員さんが4名いたんですけれども、10年後の年っていうのを考えたんですよ。

自分がその時、今から12年前ですから45歳、10年経ったら55歳。それから55歳の社員が、彼はもう65歳で定年だなとか。それで新卒採用しようって思ったんですね。自分の色に、もっと言えば学んだ倫理の色に染められるって思って、地元の中途採用もいいけれども、世の中を変えていくのはよそ者・若者・馬鹿者だとかって言いますから、新卒採用したっていうのが、その当時の話ですね。

その後、農業資材の販売が中心だったんですけれども、モーニングセミナー出た後、たまたま空き物件を見つけて、ここだったら農産物の直売所をしてもいい場所なんじゃないかなってふっと思ったんですよね。地主さんに交渉して、それから経営の先輩、同業者の先輩と相談して直売所が始まったっていうのが9年前ですね。その頃は上り調子でいったっていうのが、本当に倫理のおかげだなって思ったところですね。

釣部：それからはずっと順調に？

小池：そうですね。色々ありましたけれども、売上は伸びていったっていうのが平成27年ぐらいまで、幹事長ちょうど終わる頃まで売上伸ばしてったんですね。倫理法人会の10万社が先か、うちの売上10億円が先かみたいな話で勝手に競争していたみたいな。

釣部：なるほどね。先ほど埼玉県倫理法人会の会長になられたら苦難が、というお話だったんですが、言える範囲のエピソードはありますか？

小池：色々な経営の先輩から学んだ時に、**悪いタネっていうのは良い時に蒔く、それから良いタネっていうのは悪い時にこそ蒔く**というのがあります。良かった時にどうしても傲慢になった自分がいたり、それから計画を甘く見て立てた自分っていうのがいたりして、農産物の直売所2店舗めを建てたんですけれども、損益分岐点に達しなくて3年で閉店。

それから店舗の駐車場でフォークリフトで運転手さんをひいてしまう事故が起きて、それで賠償責任になったっていうことがあったり、だんだん会社の状態が悪くなってくると、社員さんとの関係がどうしても悪くなってきたり、ボーナスを一回払えないっていうことがあったりして、社員さんとどうしても心が通じ合えなくて、大変だったっていうことがあったり、社員が辞めていったり…そんなことが起きたというのがその当時ですね。

釣部：苦難の時に先ほどおっしゃったポジティブではいられなくて。

小池：そうですね。**本当に大変なストレスを感じた時っていうのは、嫌な自分っていうのと向き合うんですよね。**他人のことをひどく羨ましがったり、妬んだり、それから他人に良くしてあげることや、社員に良くしてあげることができなくなったりする人間だったのかというふうに思った自分にも出会いました。それからの過去を反省して踏み出すんだったらいいんですけれども、それこそ過去を悔い、昨日を悔い、昨日を悔いてばかり。後悔をしていた自分と出会ったりしたんですね。

ついには何をやっても喜べない自分っていうものにも出会うと、負のスパイラルに入ってくるわけですね。そんな時、今年の2月に資材の販売先が自己破産をするってことで弁護士さんから通知が来て、そして売掛金がもらえなくなったってこともありましたけどね。そんな自分と出会ったっていう、その時の話をするとだんだん自分が暗くなっちゃいますけど。

釣部：でも、会長になられてそういうのがくると大変ですよね。会長も色々起きますよね。

小池：倫理に大先輩として大好きな清水良朗さんっていうスーパーバイザーがいるんですけれども、その人の指導を受けましたし、その1年前に戸田先生っていう方にも深谷に講話で入った時に話したことがあったんですね。

当時、後継者倫理塾の塾長をやっていて、会社の資金繰りだとか売上が低下している時でしたから、とても倫理どころじゃないみたいな話をしたら、そういう時だからこそ倫理の場合ってきちっとして、そして襟を正してそういう時間をつくるっていうことが大事なんだって言われたんですよね。

ずっと会社のことばかり24時間考えていると、それこそマイナスにばかり考えてしまうんですけれども、**倫理法人会にその時間だけ行くとなると、準備して背広に埃付いてないかな、靴はちゃんと磨いてあるかなと、そういう自分の時間をつくるっていうことが大事**だって教えてもらったんだと思うんです。大変な時こそそういう時間が大事だってことを教えてもらいました。

2、苦難は器の大きさに比例し、人のバージョンアップをもたらす

その後、会長でも当然持っている数字というのがありますから、会員社数が減っていく、新型コロナの感染拡大防止っていうその観点だけで数字が減っているってことも言い訳としては言えず、色々ありましたので清水スーパーバイザーに指導受けました。ずっと色々話をした中で、最後に**後始末が大事**だなってことを言っていただいたんですよね。

日々の後始末だったり、何か仕草だとか表情だとか、そういうのにきっと指導することが表れてたんだと思うんです。

なかなか後始末っていうのが何を取り組んだらいいのかってことがわからなかったんですけれども、倫理法人会のほうの**遅延残高の撲滅、会費が遅れていることの撲滅っていうことに対して、とにかく力を入れようって自分の中で決めたん**ですね。

5月・6月・7月・8月の次年度にいくまでには、経営者団体としてお金が遅れるっていうこと自体があってはならないことだと思いますし、それこそ約束を守るという点でも違うな、とにかくそれを会員数よりも、遅延金残高を少なくするっていうことを優先させようって決めて、それに取り組んだんですね。

言ってみればそれが次年度への準備でもありますし、今年度の後始末だったと思うんですね。そんなことに取り組んで会がそういう雰囲気になった時に、閉めた自社の店舗の後に借りてくれるっていう人が現れて、なおかつすぐに前金でとにかく払うからってことで、とりあえず半年借りていただいて、収入も入ってくるわけですね。

こいけやのスタッフ

その人にも倫理の会員になってもらったっていうこともありましたし、それからもう一つ、会社が大変な時に妻と話をして、大学が終わって別の所にいる30歳の長男にも話をしたんです。会社の実情とそれからできれば手助けしてほしい、力になってほしいってことを正直に話をしたんですね。結婚していますから奥さんと二人で家に来て話をして、奥さんと一緒に納得してもらって、今年の4月からありがたいことに帰ってきてくれることになりました。

またこれはこれで苦難があるかもしれま

せんけれども、帰ってきてくれることになったっていうのが、**すごく今心強い**ってところですね。

釣部：事業の苦難がメインで、倫理法人会の会長としての後始末というふうに、ふと思われたわけですか？

小池：そうなんですよ。それが関連したわけじゃなかったと思うんですけれども、自然にその後始末をしようってなったのが良かったんだと思うんですよね。**逆にやらされ感で何かの後始末をやっているっていうよりも、自分で進んで喜んでその後始末をしようって決めた**ことですね。

釣部：工藤さんにお聞きしたいんですけれども、最初のほうでおっしゃった、こういう苦しい時だから、倫理法人会に行ってきちんと身なりも含めて、挨拶なりもしなくちゃいけないっていうお話もありましたが、僕は今会長をやっていると、苦難が来たとか売上が下がったとか、大変だからやってられないと退会される方がいて、もったいないないなと思うんです。

こういう時こそやるんだよとか、あとは会社を立ち上げたからもう一口入らないかと言うと、「売上が上がってから…」というふうにおっしゃる方がいて、僕はこの万代宝書房を立ち上げた時にもう一口入ったんですよ、ともに苦難をしたいと思って。

そうすると、べつに辞めても席は残るけれども、やっぱり倫理法人会と共に万代宝書房を伸ばしていきたいって僕は思ったので、あえて売上もないのに会費をまず払い始めたら、今は1万円は払えるようにはなりましたけれども。

工藤さん、苦しい時こそ倫理法人会で身なり、エネルギーをしっかりするっていうことについてお話いただけますか？


工藤：倫理の勉強は「苦難観」に特徴があるって言われていて、苦難っていうのはその人を苦しめる。確かに苦しめますよ。でも、苦しめるために起きるのではなくて、**その人がより良く成長するために起きる**という考え方がこの勉強会の特徴じゃないですか。

だから、**器の大きい人っていうのはやっぱり苦難も大きくなる**んですよ。だってもっと伸びしろがあるから、**普通の人だったら耐えきれないような苦難がくる**わけです。

それを乗り切った時、さらにバージョンアップできるっていう考え方です。大変だからっていうのは、**いよいよ成長する時なんだっていう考え方**ができないと、大変だからちょっとそれどころじゃないって言い方になるんですよ。

3、見えない世界を正せば、見える世界が変わる

工藤：だから、そういう時に形から入るっていうのも一方で大事で、身なりをきちんと整えるっていうことは、大変だからこそやる。大変な時に髪振り乱しているのは普通じゃないですか。大変な時っていうのは、スーツとかもヨレヨレになっちゃいますしね、駆けずり回るからね。

そういう時にこそ身なりを整える。靴にほんのちょっとの埃すら付いてないぐらい磨き上げるとか、そういう時こそっていうのがすごく大事。「全一統体の原理」といって**全部繋がっている**んです。すごく長い話になっちゃうので簡単に説明しますと、目に見える次元と目に見えない次元を分けて考えてみるんです。

目に見える次元を「顕界」と言い、目に見えないひと繋がりの次元を「幽界」と言うんですね。このように見える次元と見えない次元に分かれているっていう考え方をするんですね。苦難の芽っていうのは、見えない次元に潜んでいるわけですよ。

それが苦難として表に現れてくるわけなんです。身なりを整えることができないとか、きちんとできないっていうその心も見えない次元に潜んでいるわけですよ。ここでみすぼらしい格好とかね、きちんとできない格好というのが形になって現れちゃう

わけです。

そうであれば、目に見えない次元をきちんと整えてしまうと、ここに札付けされている目に見える次元がケアされることになる。だから大変な時こそきちんとする。しかもありがたいことに、目に見えない次元っていうのは「ひと繋がり」っていわれていて、全部繋がっているという考え方があるんですよ。

幽界と顕界の関係

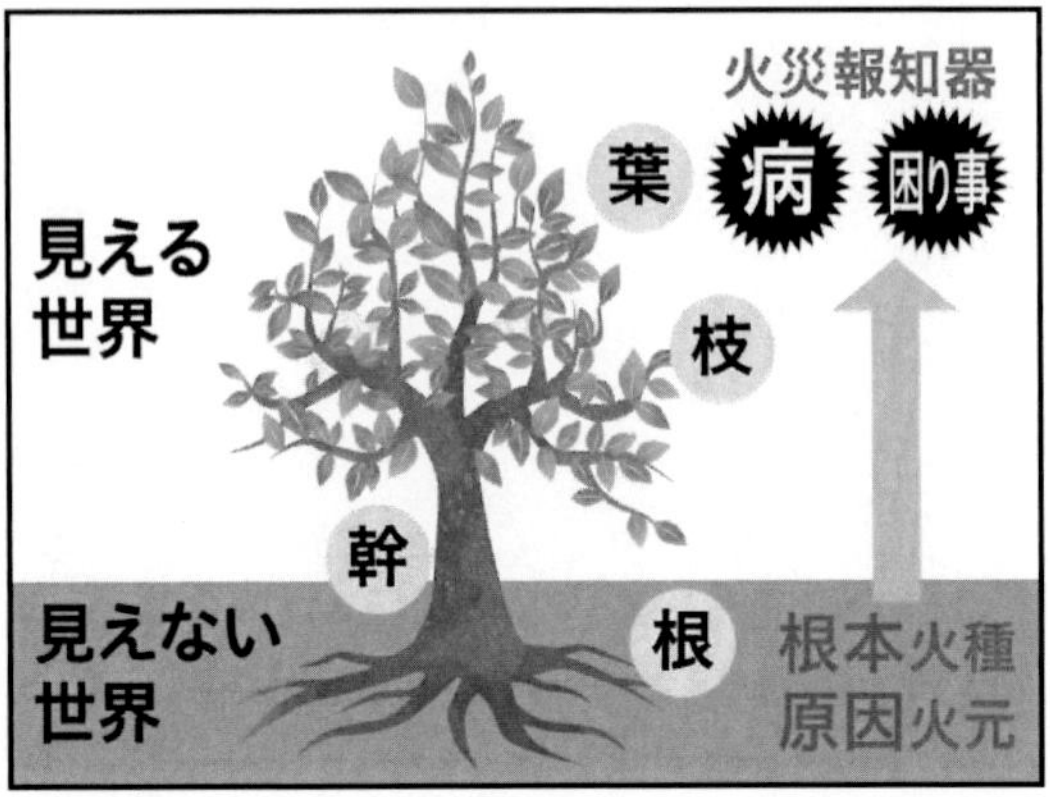

これがわかりにくかったら、例えば心理学者のユングが言った集合的無意識という言葉、潜在意識でもいいんですけれども、**この目に見えない世界は繋がっている**と言います。もしここのところの身なりを整える、きちんとすることによって、だらしなくなってしまうということをケアしてしまうと、ここは全部良くなってしまって、結局目に見える世界も良くなってしまう。こういうからくりですよね。

だから、大変そうな時に大変になっちゃう人って、何も良くならないんですよね。そういう

収録中の様子

時だからこそきちんとする。そういう時だから**「明朗は万全のもと」**といいますけれども、明るく朗らかな声を出しちゃうんだよね。

ちょっとエピソードをお話しますと、埼玉県がメインの武蔵野銀行っていう銀行があって、そこが取引先を集めて会をやっているんですよ。私はそこで勉強会とか講演会とかをたまにやっていて、哲学を教えているんですね。

たまたまオファーいただきまして、その勉強会でお話しさせていただく機会を得たんです。私が講演する時のアテンドをしてくださった方が某支店長さんで、それがなんと小池さんとお知り合いなんですよね。

「倫理法人会、工藤さんも入ってるんですか！」って、「倫理の方って元気な方多いですね、例えば小池会長とか」って名前が出てきて、「え、小池会長知ってるの？」って聞いたら、私と同じぐらいの年の支店長で、「よく知ってますよ」、「このあいだも車の中から、支店長！元気出さなきゃだめだよ！って言われちゃったんですよ」って、たまたま通りがかった時に言ってくれました。

これなんですよ。**大変だからトボトボ歩くんじゃなくて、気持ちが沈んだからうつむくんじゃなくて、そういう時こそ大股で歩けと**かね、**そういう時こそ胸張って空を仰いでみろっていうことを僕たちこの勉強会で教わるわけですよ。**

だから、私たちはモーニングセミナーでやっている倫理体験なんかも、ここが出来て切り替わっている人すごく多いよね。

設計・施工したパイプハウス

第三話　喜んで整え、バランスを崩せば組織は大きくなる！

バランスを崩して
限界突破！？
万人の知恵チャンネル

苦難を越えた小池氏が実践してきたのは「喜んでバランスを崩して行った」ことだったと振り返ります。家族・仕事・倫理…自分の生活を作っている三角形を崩すことで人は成長できる。そのポイントは「喜んで」それをするという姿勢だった小池氏は語ります。やらされているのではなく、喜んで進んで向き合う。後悔なく生きられるエッセンスを倫理から学んだ背景には、やらされて小さくまとまってしまっていた自身への反省がありました。

1、喜んで後始末をして手前から整える

釣部：要は事業には関係ないことだけど後始末をする。家庭があって会社があって個人、倫理法人会。関係はしますけれども、経営者として会費を払うっていうのは自分が役を受けていることの後始末の分野ですよね。

滞納金ですからその後始末のこっちのほうをやろうとしたら、他が良くなっちゃったっていう話ですよね。それってあるんですか？　事業なら事業、家庭なら家庭の話って思うんですけど…。

小池：あります。

工藤：これも他の方のゲストの時に、この図を描いた覚えがあるんだけれども、心に宿ったことが外へ外へと広がっていくっていう話を以前したことがあるんですね。関心がある方はバックナンバーの YouTube 見てもらえばと思います。

　心に宿ったことが外へ外へとこれ波紋、池に水面に石を投げ込むと波紋が外に広がっていくじゃないですか。だから、心に宿ったことが外へ外へと広がっていくんですね。株式会社鯉平の清水スーパーバイザー、清水良朗さんに以前ここにゲストで来て

いただきましたけれども、倫理指導を受けたら「結局はそれ後始末だよね」って言われて、でもその場では倫理法人会の未収金を回収しろとは言われていないんですよね。

　後始末だよねって言われて、小池会長がパッと閃いたのが会の未収金を回収しようってことね。それっていうのはここの団体で起きている。心に宿ったことがまず家庭に現れる。肉体だな、まず肉体に現れて、だから腹を立てれば赤くなったり青くなったり怒るわけですよ。緊張したら手に汗かいたりするわけね。

「大学」八条目

格物　修身
致知　斎家
誠意　治国
正心　平天下

　心に宿ったことは肉体に現れ、次に家庭に現れ、次に仕事に現れ、次に所属団体とか業界団体とかに現れる。それが行政、国とか市とかに現れる。世界・宇宙とか広がっていって、その人の器量によって届く範囲はちょっと変わるんです。器量の大きい人は世界とか宇宙まで届くんでしょうけれどもね。

　ここの団体での後始末をしていないことをケアしにかかったわけですよ。そうすると、その手前というのは整えるしかないんですよね。

小池：すごく納得！

工藤：原理原則で言うと、手前からケアしていかないとうまくいかないはずなんですよ。これは順番なので、例えば家庭につまずいた人って仕事うまくいかないって一般的に言うじゃない。あれっていうのは小学校の時に分数計算につまずいた奴が、中学に上がって因数分解できないってことなんですよ。

中学で因数分解できなかったら高校に上がって微分積分ができないってこういう理屈なんですよね。じゃあここが微分積分だと考えてみましょうね。微分積分をできるようにしたらどうします？　微分積分できなかったらとりあえず因数分解からやり直せって話になるわけですよ。

だから結局ここを整えにかかるんです。それ自分で意識しようとしまいとそういうふうに動き出しちゃうんです。これを「飛び越し学習」と言うらしですけれどもね。何か無理目なことを取り組んでいるうちに、その手前でできていないといけないことが整い出すんですよ、っていう理屈です。

これを一生懸命やれたってことが、ここに繋がってくるっていうこの考え方ができるよね。**バラバラに思えるようなことでもバラバラではない**んですよね。例えば倫理の勉強会でよく言われるのが、「会社が苦しくて、もうだめだ倒産だ」とか言って、「ところで奥さんと仲良くできていますか？」ってよく聞く話ですよね。

普通で考えたら全然関係ないじゃないですか。「女房のことは今日はいいんです。会社の相談に乗ってください」っていうような話です。「だから奥さんとうまくやってんの?」って聞いても噛み合わないんですよね。仕事がうまくいかない人は家庭がうまくいってないケースがあるわけですよ。ここで躓いているから、分数計算ができないから因数分解ができない状態が起きている。だからその確認のために奥さんと仲良くやっていますかって聞くことがあるわけです。

ここの前後っていうのは必ずリンクしているので、直接アプローチしにくい時は、この前後に手をかけてみるということをやってみると、意外と整い出すということがあるんですね。

釣部：小池会長の場合は、会長なんだからと言われて未収金じゃなくて、進んで喜んで後始末していったんですよね。

工藤：やらされ感じゃなくて。

寄居・秩父倫理法人会で講話

小池：まさに朗らかに安らかに喜んで進んでいたんだと思うんですよ。あの誓いの言葉どおりやっていると必ずうまくいくんだなっていうのを入会して16年でやっとわかりましたっていう感じです。

2、進んでバランスを崩し三角形を大きくする

釣部：その時に仕事がうまくいけばとは思ってないんですよね？

小池：思っていないですね。

釣部：ですよね。工藤さんがいつも言うように。

工藤：欲があるだけ差し引かれる。

小池：それは本当に思ってなかったですね。かみさんと上手くやろうとも思っていなかったし、とにかく俺の使命だ、俺はこれをやらなくっちゃ、自分はこれをやるのが

仕事なんだって本当に喜んでやった。

工藤：ましてや、息子が帰ってきて手伝ってくれるなんて、そんなこと思わないですよね。

小池：それも思わないですね。一番自分として逆に良かったのは、**より大変な人の気持ちだとか、プレッシャーをかけられた時の人間の心の動きだとかっていうのが前よりもわかるようになったっていうことが、自分にとってみれば大きな収穫だった**んじゃないかなと思うんですよね。

社員さんの心の動きだとか、それから父親の言動の背景だとかっていうのもそうですし、そういう心の機微っていうのが前よりは少しはわかるようになったっていうことですね。

釣部：それが2年前ということですよね。それまでは幹事長の時はお父様となってそれなりにうまくいっているとは思ったけれども、苦難がきたら違うっていう。

小池：やっぱり幹事長の時の反省っていうのは、やらせてたんだと思うんですよ。会社でも会でも家庭でも、自分で入って、みんな喜んでやっているんだと思ったけれども、単会の会長にも強制的にやらせていたっていう姿っていうのも思い出しますし、会社でも社員にやらせていたっていう、そういう自分の姿っていうのはすごく思い出しますよね。

そういうのに気づかせてもらったっていうのは、会長をやってというか苦難がいろいろきたおかげで、自分の傲慢さ高慢さっていうのに気づかせてもらったなと思います。

釣部：ある意味、幹事長時代の頃は小さい三角形でまとまっちゃっていたんですね。

小池：そうなんですよね。正三角形が一番バランスがいいと思うんですよね。三辺の長さが一緒で、角度も60度で一緒ですから、これが三位一体の時には力が強いですけれども、家庭と会社とそれから倫理法人会だと思います。

倫理法人会に入っていない人は、自分で学んでいる会で考えて欲しいんです。例えば会社の伸びがもうこれでいいって言った時には意識的に縮小均衡で小さくまとまっちゃっていて、あとはまた小さくなっていくから、色んなことって起きるんですよね。

でも、**起きた時にバランス崩すんですけれども、それが喜んで進んでする。例えばこれが会だとするならば、喜びっていうことで進んでいくと会の活動の辺が大きくな**

るわけですね。そうすると、さっき工藤さんがおっしゃってくれましたように、バランスを取ろうとして、別の辺も大きくなってくると思うんですよ。

例えばこれが家庭だったとしたならば家庭、そして会社もこれでバランスを取ろうとして会社が大きくなる。この正三角形の面積が大きければ大きいほど、幸せの面積が大きくなっているんだなと思うんですよね。幸せっていうのは人によって定義が違うと思うんですけれども。

3、喜びの油で歯車を回していく

その時には「万人幸福の栞」が本当に経営の基本ですけれども、「喜び」っていう言葉が一番出てくるんだそうですね。ですから、一番丸山先生が言いたかったたっていうのもやっぱり「喜び」、何でも喜んでやるっていうことだと思うんです。

喜んでできない人は、それを悔いたり、こんなんじゃダメだって思うんじゃなくて、喜びを得るために「喜べない自分」を今味わっているんだって思ったほうが、喜べた時には一層その喜びの感覚っていうのが大きいとも思うんですよね。それも何をやっても喜べなかった自分がいたおかげなんです。

やっぱりあと、経営でしたらこれと併せてお金のことっていうのも絶対大事だって思うんですよね。「出せば入る」って言いますけれども、無駄なお金を出していたら絶対入ってこないですし、やっぱり大事なのは商品に対する情熱だったり、自分の仕事に対する愛情だったり、それから財務の勉強をするっていうのも一つの事に長けるっていうことなんだと思うんです。

倫理は絶対必要条件だと思うんですけれども、必要十分条件ではないと思うんですね。十分条件にするにはやっぱりそろばんのほうもしっかり勉強するってことが大事です。そういったおかげで2期連続赤字で大変だった資金繰りも、本当に大変だった時期も乗り越えて、去年の8月の決算では黒字に転換することもできましたし、前の損失が残っていますから、税金は払うことは叶わなかったんですけれども、しっかりと社員さんに決算賞与も払うことができたっていうのは、自分としては大きな喜びでしたね。**意識的にバランスを崩すっていうのが、小さくまとまっちゃったときには大事だと思います。**

釣部：崩すというのは、倫理法人会・家庭・会社でいうところの、どれからでもどこかの辺が伸びれば、それに対して残り2辺がついてくると？

小池：その時に大事なのは、「喜び」なんですよ。平尾先生っていう倫理研究所の先生が、ドアの話をしてくれたんですね。ドアを一生懸命向こうに押しても開かない。でも引いてみたら簡単に開くこともありますし、それからシャッターを開ける時に、ギシギシって音だと物を大切にしていないっていうことなんですね。

三角形の１辺を伸ばす

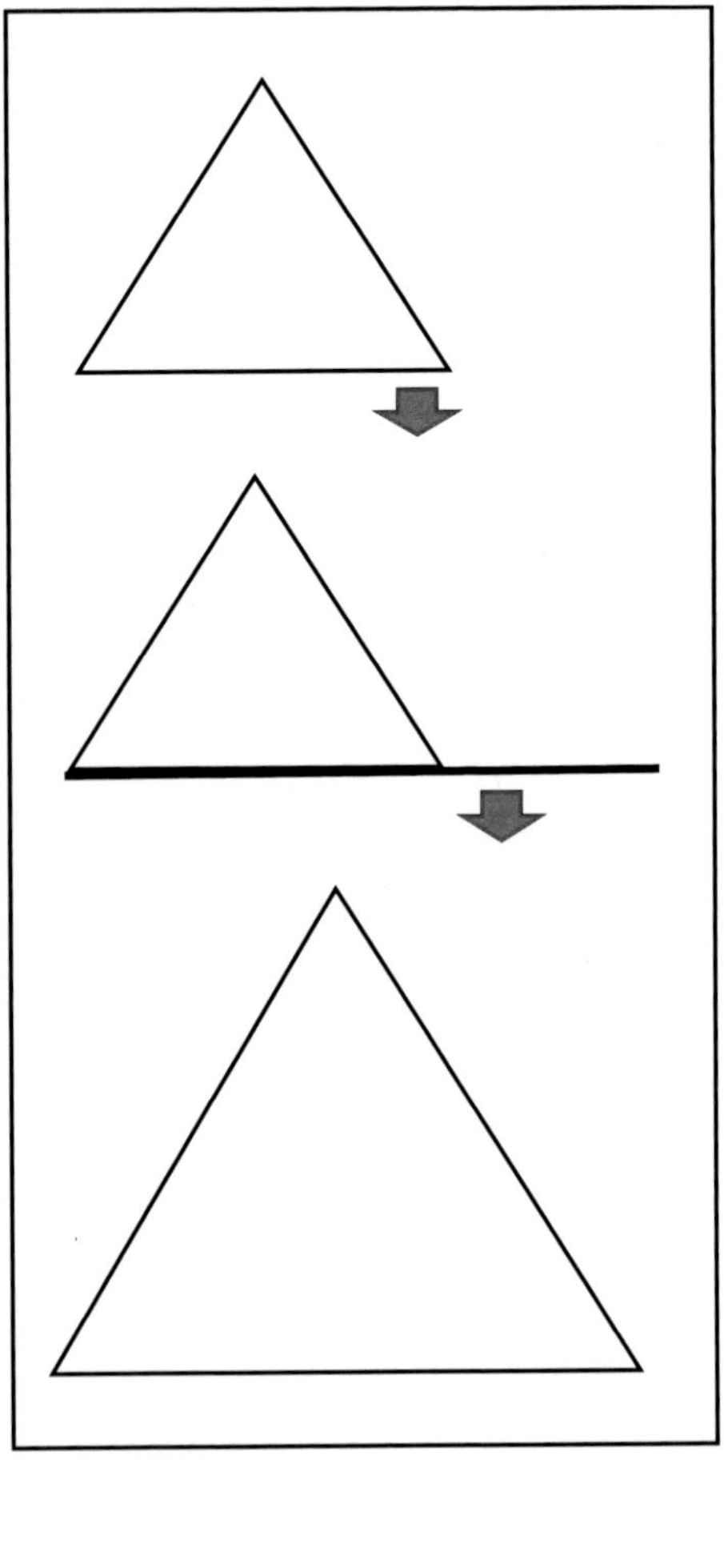

その時には当然機械の油を差すんですけれども、この油が倫理で言うと「喜び」っていう油なんだなってそんなふうに。さっきの話と同じで歯車があると思うんですね。例えば一つの歯車が固まっちゃって、なかなか錆びて動かない時に、油を差すと歯車が回って、これがまた次の歯車を回して、次の歯車を回して、歯車が大きくなっていく。

本当に会長になってからそんなことを思いましたね。会長にならなかったらこんなこと思わなかったかもしれない。苦労しなかったら思わなかったかもしれないですね。

経営計画発表会での集合写真

平成29年12月1日　第14回 (株)小池勝次郎商店経営計画発表会　於 埼玉グランドホテル深谷

第四話　家庭を最優先にするのが純粋倫理の実践！

家庭が1番
仕事は2番
倫理は！？
万人の知恵チャンネル

祖父の代から父、そして自分へ。勝次郎商店が三代続いてきたのは誰も「逃げなかった」からという厳しくもシンプルな理由でした。苦難から逃げなかった先代の在り方を引継ぎ、自身もまた逃げずに事業と向き合ってこられた小池氏。しかし、それは仕事と家庭、倫理の優先順位を正しく実践してこられたからだったのです。「仕事一番倫理優先」と掲げる標語の意味、苦難との向き合い方はどういうことなのか語っていただきました。

1、代々続く歴史は先代も自分も逃げなかったから

釣部：会長という役をお受けになって、これで三角形が大きくなってまとまったら、またどこか自分から崩していくと？

小池：そうですね。あるいは、後継者に譲れるってこと自体がありがたいと思うんですけれども、譲った時には別にまた新たな三角形をつくるというのも考えておかなくてはならないと思うんですよね。私、実は一つこの大変だった1年間で夢ができまして、2年前からサックスを習っているんですよ。

釣部・工藤：えー!!

小池：意外な顔してる⁉

工藤：今、心の声が聞こえちゃいました。

小池：YouTube の動画を観ていたら「千葉次郎の挑戦」っていってお父さんが「家族

になろうよ」を吹く動画があるんですよ。音楽教室のコマーシャルの動画なんですけど、「俺やりたいな、これ」と思って、娘の結婚式に福山雅治の「家族になろうよ」を吹いたんですよ。

工藤：吹いたんですか？

小池：吹けたの、去年の3月に。

釣部：すごい！

小池：今度は、うちの会社はネギを作る農家の人を支援するのが仕事ですから、ネギ作りが上手になると日本の人口が減っていく中でネギが余ってくると。消費拡大（販路開拓）もするんですけれども、輸出をしなかったならばネギの相場も下がってしまうと思ったんですよね。

お金持ちでネギをそんなにまだ食べていない所はどこかなと思ったときに思い浮かんで、それから倫理法人会があるのは、アメリカ西海岸だなと思ったんですよ。ハリウッドの女優に深谷のネギを食べてもらいたいなというのが一つと、それとゴールデンゲートブリッジの下でサックスを吹きたいなって。

会社とそれこそ自分と新しいネギの販路開拓っていうのと、ネギと繋がっているからこれがいいかなと思って。そうすると、英語も勉強しなくちゃなんないなとか、体も丈夫にしなくちゃとか思ってくる。暗かった1年前、2年前から思うと、本当にちょっとしたきっかけで人間っていうのは変われるんだなと思いましたね。

釣部：工藤さんがいつもおっしゃる苦難を足場に躍進されたんですね。要は清水良朗さんがおっしゃっていたのは、120年のフィロソフィは逃げないことなんです。結局それぞれの代で苦労があったはずで、それを自分は比べて親父はいいなとか、誰々はいいなって言いつつも、誰一人逃げなかったから四代続いたので、俺も自分の代では逃げないと。

小池：たぶん逃げたかった時がいっぱいあったからそう言うんだと思うんですよね。でも、そこの地場にいたら、始めてすぐに会社を終わるってわけにもいかないですし、名前も全部知れているわけですからね。それは本当に同感ですよね。

その逃げないっていうので言うと、苦難から目を背ける逃げないというのもそうですけれども、例えば会社がうまくいっていないからといって、**居心地のいい倫理法人会に逃げないっていうのもすごく大事**だと思うんですよね。

サロン化しちゃっている倫理法人会ではだめだと思いますし、何て言うんですかね、傷を舐め合うっていうこともないですけれども、そっちの居心地のいいところにとにかく逃げてしまってはいけないないなと思うんですよ。本当に清水さんの言うとおりだと思いますよね。

2、家庭を一番大事に、仕事はその次

釣部：工藤さん、逃げない、倫理法人会に逃げる、責めるっていう言葉は野暮なのかもしれないですけれども、その辺りはいかがですか？

工藤：倫理法人会の会員さんって良い人が多いじゃないですか。優しい人が多いですよね。だから、例えば仕事場が辛くて、社員さんからも突き上げられて何となく居場所がない。家でも夫婦関係が冷えていて子供も言うことを聞かない。家にも居場所がない。それがたまたまモーニングセミナーにふらっと行くと、「あー、何々さん！ようこそお越しいただきまして！」ってスーパーウェルカムしてくれるんで、嬉しくなっちゃって翌週も行くんですよね。

そうやっているうちに自分の居場所を見つけちゃって、それでスイッチ入る人がい

るんですけれども、でも私も20年ほど倫理を勉強させていただいているんですけれども、先輩たちがよく言っていたんですよ。「仕事一番倫理優先」とか、なんかよくわかんない標語があるんですよ。何言っているかわかんないじゃないですか。

それで今間違いなく思えているのは、**一番大事なのは家庭ですよね。家庭が一番大事でその次が仕事ですよね。だって仕事を大事に**して家庭を壊して、我々は商売人だから定年なんてあってないようなものですけれども、例えば定年の日に離婚届を奥さんから突き付けられるって話、笑えないお話が結構あるそうじゃないですか。

それは仕事を大事にしてきて、家庭を二番目にしてきたからそんなことになるわけでしょう。だから家庭が一番なんですよ。**家庭が一番でその次が仕事でしょう。**三、**四がな**

当時を笑顔で振り返る小池さん

くて倫理法人会活動が五番以降だと思うんです。

大事なことは、純粋に私たちが学んでいる倫理を基底とした家庭をちゃんと築いていくこと。倫理を基底とした商いをきちんとさせていただくことが大事であって、会の活動というのは、今日は図らずとも三人とも体育会出身ですけれども、部活みたいなもので、社会人の課外活動ですよ。部活が一番っていうのはスポーツ特待生で学費免除の奴は部活が一番でしょうがないのかもしれないですけれども、学生であれば勉学が一番なのと同じで、課外活動が一番というのはたぶんやっぱり間違っているんですよ。

だから、純粋倫理を基底とした家庭をちゃんとつくること、純粋倫理を基底とした商いをさしていただくことこれが第一番。そう考えると、「仕事第一倫理優先」っていう言葉も意味が解ってくるんですよね。

それをはき違えちゃってる会員さんがいらっしゃるんです。でもどっかでわかってくだされぱいいのかなと思いますけれどもね。本当に倫理を学んで実践して良くなっていく人って、意外といえば申し訳ないんですけど、倫理法人会活動の中では、割とニュートラルな方多いですよね。

会員スピーチなんかしてもらうと、びっくりするような倫理体験を持っている人がたまにいて、でも会では倫理は長いんですけど、「幹事しか僕やったことないんで」ぐらいの人が結構いらっしゃって、これって仕事と倫理の順番を守れている人だなって思うんです。私も昔幹事長をさせていただきましたけれども、その時は365日24時間幹事長だったんですよ。

そうやっている自分が結構好きだったんですけど。じゃあどうかっていうと、家庭だ仕事だっていうところは、ちゃんとやっていましたかっていうと、まあ褒められたもんじゃなかったんですよね。なんとなく流れはうまくいっていたような感じするけど、頑張っていたかというと、頑張ってなかった、仕事もね。だからこの順番が大事なのかなと思うんですよね。

3、苦難から逃げるための倫理ではない

小池：おっしゃるとおりで。でもそれも会の仕事、もしかしたら一生懸命やるっていうことがバランスを崩すことになって、苦難がきて、気づいて良くなっていけばいいんだろうなって、工藤さんの話を聞きながら思いましたけれどもね。

ただその苦難と対面する時に、やっぱり同じだったら体験したくないなって思う正直な気持ちっていうのもありますよね。

ネギ参謀：ネギ栽培全般のオンライン相談サービス

工藤：苦難は苦難ですからね。きついですから、嫌ですよね。

小池：逆に言うと、倫理を学んでいると苦難が少なくなるんじゃないかとか、苦難がこなくなるんじゃないかとかって思ったりもするんです。

工藤：いやいや、全然違う。

釣部：違いますね。

小池：びっくりするぐらい違いますよね。

工藤：**苦難の量は変わんないか、むしろ感受性が上がっている分だけ苦難を感じやすくなっています**よね。

小池：倫理研究所の能野先生に言われたのですが、苦難がきた時っていうのは、「丸山先生にかわいがられているんだね」って言われたことがありますね。

工藤：見込まれているんですね。

小池：そう。かわいがられている。

釣部：でも、苦難から逃げたらその後うまくいっている人ってあんまり見ないんですよね。一過性でうまくいっているようには見えますけれども。

工藤：逃げ切れないね。

釣部：同じようなことが違う人から出てくる気がするんですよね。

工藤：大事になっちゃうよね、後でね。

釣部：僕も今日一個、苦難ではないですけれどもやっちゃいけないミスがあって。違う動画なんですけれども、ちょっとミスったことを言っちゃやったんですよ。ただ、今ならそんなに観られていないから、すぐ削除すればいいですけれども、これが10万人とか観られるようになっていたら、もうあいつは何なんだっていう話になっちゃうのですぐ削除してもらって、もう一回撮り直そうと思うんです。ある方が「釣部さん、これ間違っていますよ」と言ってもらって調べたら、やっぱり間違っていたんですよね。

大学時代のラクビー部の仲間
今井淳一氏のお店で

工藤：間違ったこと言っちゃったんだ。

釣部：嫌で言ってくる人もいますけれども、これは個人メールで「釣部さん、これ間違っていますよ。ちゃんと精査したほうが、ここ大事だから」って優しく。

　会ったこともない方ですけれども、たぶ

ん応援してくださっている方が内々に恥かかないように教えてくださったんだなと思って。

小池：ありがたいですね。

釣部：愛されてるなってことで大きな苦難がこないように、今のうちにここで処理しなかったら本当に大問題になるのかなと思いました。
もう時間となってまいりました。小池さん、お話しされてみていかがでしょうか？

小池：思わず自分で話そうと思ったこと以外に話しさせてもらったり、それから自分をしっかり振り返ることができた。それから一番良かったのは、お二人にこれからまた前を向いて、さらに上を向いて歩いていく力をいただいたっていうのは、とってもありがたかったなと思います。本当にありがとうございました。

釣部：ありがとうございました。工藤さんお願いします。

工藤：小池さんとは何気に数えてみると、意外に長い付き合いになってきているんですよね、もう十数年来のありがたい先輩なんですけれども。今まで知らなかった話もいっぱい聞けたし、やっぱり小池さんっていう人物をつくっているエピソードをいっぱい聞けて、なるほど、人となりがあるんだなと思って感銘して聞いていました。ありがとうございました。

釣部：今日は小池さん、工藤さん、どうもありがとうございました。

【プロフィール】

小池　博（こいけひろし）
㈱小池勝次郎商店　代表取締役社長
昭和38年2月18日生まれ

平成16年8月　深谷市倫理法人会入会
平成17年9月　深谷市倫理法人会副専任幹事拝命
平成18年9月　深谷市倫理法人会専任幹事拝命
平成20年9月　深谷市倫理法人会副会長拝命
　　　　　　　深谷市倫理法人会会長拝命
平成21年9月　法人レクチャラー拝命
平成22年9月　埼玉県倫理法人会副幹事長拝命
平成24年9月　埼玉県倫理法人会幹事長拝命
　　　　　　　埼玉県倫理法人会副会長拝命
平成27年9月　倫理経営インストラクター拝命
　　　　　　　埼玉県倫理法人会後継者倫理塾塾長
平成29年9月　倫理17000ライセンス取得
令和元年 9月　埼玉県倫理法人会会長拝命

【会社の沿革】
昭和21年13月　祖父 故小池勝次郎が兄から独立、開業
昭和31年12月　有限会社小池勝次郎商店設立
昭和32年3月　父 登（現会長）高校卒業後、入社
昭和61年7月　博（現社長）入社
平成14年2月　農家の専門店「こいけや」オープン
平成16年　株式会社に変更
平成17年1月　店舗の敷地を拡大　1000坪へ
平成19年1月　会社創立50周年式典開催
　　　　　　　代表取締役社長に就任
平成23年5月　農産物直売所「とんとん市場深谷店」オープン
平成28年4月　農産物直売所「とんとん市場川本店」オープン
　　　　　　　（平成31年3月閉店）
令和2年10月　新サービス「ネギ参謀」リリース

深谷ネギと農家支援業の三代目社長が語る
組織を育て苦難を乗り越える4つの倫理実践法

2021年3月8日 第1刷発行
著　者　小池 博、工藤直彦
編　集　万代宝書房合同会社
発行者　釣部 人裕
発行所　万代宝書房
〒176-0012 東京都練馬区桜台 1-6-9-102
電話 080-3916-9383　FAX 03-6914-5474
ホームページ：http://bandaiho.com/
メール：info@bandaiho.com

印刷・製本　小野高速印刷株式会社

ISBN　978-4-910064-41 -3　C0036

装丁・デザイン／ルネ企画 小林 由香

万代宝書房について

みなさんのお仕事・志など、未常識だけど世の中にとって良いもの（こと）はたくさんあります。社会に広く知られるべきことはたくさんあります。社会に残さなくてはいけない思い・実績があります！　それを出版という形で国会図書館に残します！

「万代宝書房」は、**『人生は宝』、その宝を『人類の宝』まで高め、歴史に残しませんか？**」をキャッチにジャーナリスト釣部人裕が二〇一九年七月に設立した出版社です。

「実語教」（平安時代末期から明治初期にかけて普及していた庶民のための教訓を中心とした初等教科書。江戸時代には寺子屋で使われていたそうです）という千年もの間、読み継がれた道徳の教科書に『富は一生の宝、知恵は万代の宝』という節があり、「お金はその人の一生を豊かにするだけだが、知恵は何世代にも引き継がれ多くの人の共通の宝となる」いう意味からいただきました。

誕生間がない若い出版社ですので、アマゾンと自社サイトでの販売を基本としています。多くの読者と著者の共感をと支援を心よりお願いいたします。

二〇一九年七月八日

万代宝書房